Vente par suite de Départ

HOTEL DROUOT, SALLE N° 1

Le Lundi 26 Mai 1884

BEAUX MEUBLES

PRESQUE NEUFS

BRONZES D'ART & D'AMEUBLEMENT

<table>
<tr><td>COMMISSAIRE-PRISEUR</td><td>EXPERT</td></tr>
<tr><td>Me M. DELESTRE</td><td>M. B. LASQUIN</td></tr>
<tr><td>27, rue Drouot, 27.</td><td>12, rue Laffitte, 12.</td></tr>
</table>

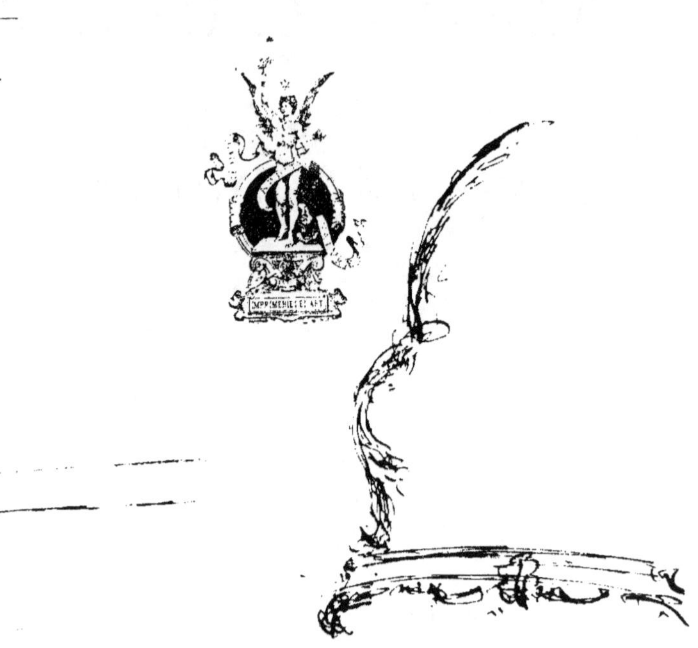

CATALOGUE

DE

BEAUX MEUBLES

PRESQUE NEUFS

AMEUBLEMENTS DE CHAMBRES A COUCHER, DE SALLE A MANGER

ET

DE CABINET DE TRAVAIL

Des styles Renaissance, Louis XV et Louis XVI

PETITS MEUBLES DE FANTAISIE — MEUBLES DU JAPON ET DE L'INDE

BRONZES D'ART ET D'AMEUBLEMENT

STATUETTES — BUSTES

Garnitures de cheminées

DONT LA VENTE AURA LIEU POUR CAUSE DE DÉPART

HOTEL DROUOT, SALLE N° 1

Le Lundi 26 Mai 1884, à 2 heures

Mᵉ MAURICE DELESTRE | **M. B. LASQUIN**
COMMISSAIRE-PRISEUR | EXPERT
27, rue Drouot, 27 | 12, rue Laffitte, 12

EXPOSITION PUBLIQUE

Le Dimanche 25 Mai 1884, de 1 heure à 5 heures

CONDITIONS DE LA VENTE

Elle sera faite au comptant.

Les acquéreurs *paieront 5 0/0* en sus des enchères, applicables aux frais de la vente.

L'exposition mettant le public à même de se rendre compte de l'état des objets, il ne sera admis aucune réclamation une fois l'adjudication prononcée.

Paris. — Imprimerie de l'Art. J. Rouam, 41, rue de la Victoire.

DÉSIGNATION

MEUBLES DE CHAMBRES A COUCHER

1 — Bel ameublement de chambre à coucher de
style Louis XV, en bois de noyer sculpté à
ornements rocaille.

    Il se compose de :
    Un lit à double face ;
    Une armoire à glace ouvrant à deux van-
taux :
    Une table de nuit.

2 — Bel ameublement de chambre à coucher en
palissandre frisé et ciré, de style Louis XVI,
à colonnettes cannelées et à rosaces sculp-
tées de la maison Drauard).

    Il se compose de :
    Un lit à double face :
    Une armoire à glace :
    Une table de nuit à dessus de marbre.

3 — Chiffonnier genre Louis XV, en bois de palissandre, à onze tiroirs, garni de chutes et de
poignées en bronze de style rocaille.

MEUBLES DE SALLE A MANGER

4 — Beau buffet du style de la Renaissance flamande, à deux corps avec galerie en entre-
deux, en bois de noyer à têtes, godrons et ornements sculptés d'après des motifs de la cathédrale de Bruges.

Il ouvre à trois vantaux séparés par des colonnettes cannelées.

5 — Une crédence à hauteur d'appui de style Renaissance, en noyer sculpté, à trois panneaux ornés de têtes en haut-relief et garnie de trois tiroirs sculptés à godrons et mufles de lions, de même style que le buffet qui précède.

6 — Une autre crédence pareille à la précédente.

7 — Douze chaises de même style, en noyer, garnies de cuir gaufré, avec dossiers sculptés et découpés à jour ornés de petits balustres.

8 — Table à thé en noyer ciré, à ornements gravés et dorés.

9 — Douze chaises légères de style ancien foncées de paille.

10 — Deux bois de fauteuils de style Henri II, en
noyer sculpté, à têtes de béliers, avec pieds
à croisillons.

11 — Fauteuil de style Louis XIII, en noyer sculpté,
bras à volutes, pieds à croisillon, garni en
imitation de tapisserie à la main.

MEUBLES DE CABINET DE TRAVAIL

12 — Beau bureau genre Louis XVI, en bois de
palissandre frisé et ciré, pieds à gaines
reliés par un croisillon; il est orné de moulures, de rais de cœur et de pilastres finement sculptés, il ouvre à abattant et est
surmonté d'un casier à trois tiroirs avec
fronton surmonté d'un vase.

13 — Bureau ministre en bois de noyer avec montants garnis de tiroirs à l'anglaise, et portes
ornées de ferrures en cuivre, le bandeau
godronné forme trois tiroirs. Dessus de drap
vert.

14 — Deux grandes bibliothèques en bois de noyer,
de même style.

15 — Bureau à casiers en noyer à moulures, pieds
balustres reliés par une traverse.

16 — Bureau en bois de noyer à huit pieds reliés par des tablettes d'entrejambes; il est surmonté d'une galerie.

17 — Petit bureau à casier en bois de noyer.

18 — Bibliothèque en noyer, à pilastres cannelés et ouvrant à une seule porte vitrée.

19 — Deux grands cartonniers à deux corps en bois de noyer.

MEUBLES D'ANTICHAMBRE

20 — Lanterne carrée en bambou ornée de vitraux de Ponsin, à décor d'oiseaux et de fleurs, dans le goût japonais.

21 — Deux porte-manteaux, de goût japonais, en bambou, ornés chacun d'un panneau laqué et d'une glace.

22 — Deux porte-parapluies en bois de noyer dont un en forme d'encoignure.

23 — Banquette formant coffre à bois, en chêne à moulures, de style flamand, avec dessus garni de maroquin.

24 — Banquette à dossier, en bois de noyer, garnie
de maroquin.

25 — Porte-parapluies en noyer.

MEUBLES DE TRAVAIL ORIENTAL

26 — Beau meuble japonais formant étagère, en
bois de fer sculpté, découpé à jour et appli-
qué d'ornements formés d'ustensiles mobi-
liers, de vases de fleurs et de sujets à figures,
exécutés en ivoire, laque, nacre et pierres
de couleurs.

Il ouvre au moyen de portes à coulisses
et est garni de tiroirs.

27 — Paravent japonais en laque.

28 — Meuble à deux corps ouvrant chacun à deux
portes et surmonté d'une galerie, entièrement
couvert d'ornements à feuillages et de figures indoues, sculptés et découpés à jour,
travail de Bombay.

29 — Deux tables-consoles à pieds contournés et
bandeau sculptés à feuillages et découpés à
jour. Travail des colonies.

30 — Deux petits bahuts-étagères ouvrant à trois
portes à arceaux, en bois de fer découpé et
sculpté à jour, et reposant sur des têtes chi-
mériques. Travail des colonies.

31 — Table de même travail, entièrement sculptée
et découpée à jour, garnie de trois tiroirs et
d'une traverse d'entrejambes.

MEUBLES DE FANTAISIE

32 — Jolie encoignure, genre Louis XV, de forme
contournée, décorée au vernis genre de
Martin, et offrant sur la porte une figure
d'Arlequin et des ornements dans le goût de
Gillot.

Elle est garnie de chutes et de nervures
en bronze, dessus de marbre.

33 — Petite table élégante à quatre pieds contournés,
décorée au vernis genre de Martin, offrant
sur le dessus un sujet dans le goût de
Watteau représentant une réunion dans un
parc, et sur les côtés, des attributs et des
bouquets de fleurs dans des rinceaux.

34 — Table à jouer de forme carrée et de style
Louis XVI, en acajou, à moulures de cuivre,
le dessus à échiquier ouvrant à deux battants
et contenant un damier.

35 — Petite table rognon de style Louis XV, en bois
d'acajou, garnie de moulures de draperies et
de galeries en bronze doré.

36 — Console Louis XVI, forme demi-ronde, en bois
sculpté et doré, à dessus de marbre.

37 — Table-console de style Louis XVI, en bois
sculpté et doré à feuilles d'acanthe et rosaces,
dessus de marbre campan.

38 — Deux petites tables-consoles d'encoignure en
bois de noyer sculpté à enroulements de
style Louis XVI, dessus de marbre de
Flandre.

MEUBLES DIVERS, ANCIENS & MODERNES

39 — Meuble Louis XIII à deux corps, ouvrant à
quatre vantaux et à deux tiroirs, en bois de
noyer sculpté postérieurement, offrant sur
les portes huit panneaux d'ornements, vases,
coquilles, draperies et mascarons, et sur les
tiroirs ainsi que sur les montants des frises
de rinceaux.

40 — Meuble de style Louis XIII à deux corps en
bois de noyer, orné de colonnes torses et de
moulures avec têtes de chérubins à la partie
supérieure.

41 — Panneau de coffre Renaissance sculpté à figures en bas-relief.

42 — Grand meuble scriban surmonté d'un corps de bibliothèque à deux portes pleines en bois de noyer et de racine marquetée à filets. Époque Louis XIII.

43 — Bahut Louis XIII en noyer sculpté.

44 — Une table plaquée d'écaille à filets.

45 — Table de style Louis XIII en noyer.

46 — Joli bahut de style Louis XVI en bois finement sculpté à médaillons et rinceaux. Dessus de marbre campan.

47 — Glace carrée avec bordure en noyer appliquée d'ornements en cuivre estampé.

48 — Glace de cheminée de style Renaissance, en noyer, avec bordure d'ornements à figures et rinceaux en cuivre estampé.

49 — Deux cadres à médaillon, genre Louis XVI.

50 — Deux chapiteaux en noyer sculpté à feuillages, fruits et volutes.

51 — Deux socles carrés en bois de noyer.

BRONZES D'ART & D'AMEUBLEMENT

52 — Pendule en marbre noir surmontée d'un buste
de Diane de Poitiers en bronze de Barbe-
dienne, d'après Aizelin.

53 — Statuette de Cléopâtre, d'après Pradier.

54 — Garniture de cheminée composée d'une pendule en marbre noir surmontée d'une coupe
cratère et de deux vases Médicis.

55 — Deux flambeaux, modèle Louis XV, en bronze.

56 — Garniture de cheminée composée de trois vases
en bronze à guirlandes et mascarons, sur
socles en marbre brèche.

57 — Deux candélabres à cinq lumières en bronze
doré.

58 — Pendule du temps de l'Empire en bronze doré
au mat, surmontée d'une figure de femme
ailée.

59 à 61 — Cinq bustes en bronze, patine verte : Mer-
cure, Vénus, Caligula, Ajax, Lucius Verus.

62 — Coupe en bronze argenté supportée par une
figure d'enfant.

63 — Pendule en bronze doré au mat, à sujet de
deux figures orientales.

64 — Deux candélabres à six lumières en bronze, à patine brune.

65 — Deux figures d'amours debout sur des socles à guirlandes, en bronze argenté.

66 — Un groupe en bronze, genre chinois.

67 — Une figure de Chinois en bronze et un cendrier.

68 — Paire de flambeaux en cuivre.

69 — Cartel en bronze, de style Louis XVI.

70 — Pendule, de style Louis XVI, en marbre blanc avec appliques de bronze doré et surmontée de deux figures : Paris et Vénus, et bronze vert.

71 — Lustre, de style Louis XVI, en bronze doré.

72 — Deux appliques à trois lumières, de style rocaille.

73 — Figure d'Oreste poursuivi par les Furies, bronze d'après Mathurin Moreau.

74 — Statuette en bronze, d'après l'antique : le Joueur de flûte.

75 — Plusieurs galeries de foyer.

76 — Broc et bassin en ancienne faïence de Montauban, jaune, à décor de fleurs.

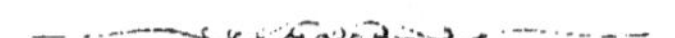